Dirceu Braz

Emoções da vida

Copyright 2016 by Dirceu Braz, 68309 Mannheim

Books on Demand

Impresso

Copyright Texto e Fotos 2016 © Dirceu Braz.
Edição em conformidade com o acordo ortográfico da lingua portuguesa.
A reprodução de qualquer parte dessa obra é ilegal e configura
uma apropriação indevida dos direitos intectuais e patrimonio da autora.
Impressão e acabamento: Editora Books on Demand / Alemanha

Contato com o Autor:
braz-trompete@hotmail.com

Primeira Edição 2016

Revisão: Marisa Miani
Fotografias: Michelle Braz & Magdalena Ringeling
Ilustração da Capa e Layout
Nils Hoffmann / Schwäbisch Gmünd / Alemanha
www.nils-hoffmann-design.de

Impressso nas oficinas da Editora:
BoD - Books on Demand
22848 Norderstedt / Alemanha
Printed in Germany

ISBN 9783739225401

Dirceu Braz, um Mogiano nas terras Germânicas.

Nos anos 70 quando a ditadura militar no Brasil estava no seu apogeu, nesta época o músico mogiano Dirceu Braz deixou o Brasil para estudar na Alemanha. Na mão um trompete e nos pés um Tênis usado e um sapato preto de reserva, este, porém, quase furado, o qual estava reservado somente para ocasiões especiais. A velha calça jeans desbotada, que era moda na indumentária hippie, também o acompanhou... Entretanto, o jovem sonhador carregava no peito muita esperança de vencer na terra fria germânica!

Tudo indicava uma grande batalha na vida do humilde artista que em pouco tempo se destacou no panorama Musical de Mogi e em São Paulo. Nascido no dia 10.11. de 1950, por sinal um menino doentio e frágil, sendo perseguido nos primeiros anos de vida por uma Bronquite que quase o levou desse mundo. Porém, isto não viria nunca a impedir que ele se tornasse um dos grandes nomes da Musica Clássica do continente Europeu.

Nascido no bairro do Mogilar, onde a pequena casa de seus pais, naquela época era uma das primeiras casas daquele bairro. O pequeno casarejo não tinha piso de cimento ou cerâmica e sim de terra batida onde já acomodava 5 pessoas: o habitavam Pai, Mãe e duas irmãs, além do jovem franzino que a noite quase nunca podia dormir, devido uma tosse intensa que perseguia seus dias e infância... Depois da humilde casa do Mogilar a família mudou-se para uma casinha junto ao Rio Negro, a qual foi após de mais de 50 anos motivo de um Romance escrito em alemão, cujo titulo é: Das Haus am Rio Negro: A casa do Rio Negro. A alegria de morar junto a um Rio e ter todo espaço possível para brincar correndo atrás de cavalos e vacas foram uma alegria muito grande! Mas, essa alegria logo no primeiro ano, foi decepada por nuvens escuras, pois, quando chegou a época das chuvas, a família viu-se obrigada numa madrugada fria, a sair de casa, às pressas, porque o Rio Negro estava transbordando e não demorou muito para que a casa fosse inundada até quase o telhado. Pai, mãe e filhos deixaram o lar onde com muito esforço conseguiram construir. Deixaram a pequena casa, em busca de abrigo na casa de parentes. Dois dias depois que a família havia abandonado o casebre, eles deram conta de que o cão de estimação da família, não estava com eles, e possivelmente tinha morrido afogado nas águas. Mesmo assim o pai conhecido como Pracinha, foi em busca do animal. Entrou com muita dificuldade na casa e encontrou o cachorro em cima do guarda-roupa esperando para ser salvo. Tedy não morreu naquela inundação e sim, viveu com a família cerca de 15 anos. Tedy também se tornou personagem importante no Romance "A casa do Rio Negro". Anos depois não suportando as enchentes, a família mudou-se para uma casa própria, no bairro da Mineração. Jose Benedito Braz Filho pai de Dirceu Braz muito conhecido como Pracinha, era metalúrgico operário da Cosin onde, mais de 30 anos trabalhou arduamente para sustentar a família. Na nova residência já a família contava com 7 pessoas, pois o nascimento de mais uma irmã e um irmão veio a completar o numero de integrantes daquela alegre e feliz família.

Os anos se passaram e o artista Mogiano conheceu desde pequeno a necessidade de trabalhar e ajudar a família. Já aos 7 anos de idade, ele saia às ruas de Mogi, com uma caixa de engraxate e dava brilho aos sapatos velhos dos trabalhadores da região. Posteriormente aos 8 anos, saía às ruas com um carrinho, que foi improvisado pelo pai, onde ele colocava frutas e vendia alegremente pelas ruas do bairro da Mineração e Mogilar fazendo comumente ponto na porta do Clube Náutico. A partir dos 10 anos de idade já trabalhava em uma casa de calçados no centro da cidade próxima ao mercado. E aos 11 anos foi contratado para ser engraxate oficial de um salão de barbeiro, próximo ao Cine Avenida. Ali, passou a engraxar sapatos de grandes personagens de Mogi das Cruzes. Um fato muito interessante foi quando o jovem engraxate, percebendo que o freguês estava com os sapatos molhados, esse colocou álcool nos sapatos e colocou fogo, isto num ato de bravura e heroísmo na tentativa sublime e ingenuidade de um jovem de 10 anos, de secar os mesmos, prestando dessa forma um serviço jamais visto entre os engraxates! Porém, o freguês tinha os pés ainda dentro dos mesmos. Foram gritos e risadas, mas, o menino cheio de boa vontade e inexperiente, nem por isso perdeu o emprego.

Logo depois trocou o serviço de engraxate pelo de Lavador de Roupas. Sempre combinando o trabalho com o período escolar. A Lavanderia pertencia ao senhor Francisco na Rua Cabo Diogo Oliver, onde Dirceu

Braz aos 11 anos de idade passou a lavar roupa dia após dia secando-as numa centrífuga de metal muito pesada sendo movida a mão. Mas, lavar roupa não satisfazia mais os desejos do Jovem quase raquítico que desejava um trabalho de melhor remuneração; sendo assim passou a trabalhar na fábrica de móveis Panegassi de Mogi das Cruzes a qual depois se transferiu para Braz Cubas. Logo que Dirceu Braz completou 14 anos, foi fichado com carteira profissional, e começou a trabalhar 10 horas por dia, frequentando assim a escola noturna. Foi aluno do Instituto de Educação Washington Luiz e da escola Firmino Ladeira no alto do São João. Sua aptidão pela música foi despertada logo cedo nas costumeiras visitas a casa de sua avó residente no bairro dos Remédios. Essa sempre admirava os longos dedos do querido neto e o incentiva a começar a tocar piano. Mas o piano, não foi seu primeiro instrumento e sim o Atabaque num Centro de Umbanda, o qual era frequentado por seus pais naquela época. O Atabaque foi de toda maneira de grande valia no Desenvolvimento Rítmico do artista. Aos 15 anos de idade começou aprender a tocar violão, e posteriormente seguiu o aprendizado do contra baixo eletrônico, o qual lhe deu aos 16 anos a oportunidade de tocar num conjunto denominado The Panthers. Mas aos 17 anos ocorreu um trágico acidente na vida do músico, um acidente ferroviário que mudou o curso da vida dele.

Nessa época além das 10 horas diárias de trabalho e mais a Escola Noturna, Braz se decidiu pela carreira de Piloto e se inscreveu numa Academia em São Paulo que tinha o objetivo de preparar jovens para os exames para a Aeronáutica. O caminho sonhado para Piloto do Exército parecia estar em vista. Sendo assim deixou a escola Firmino Ladeira, e começou a viajar a noite, diariamente pra São Paulo. Numa dessas viagens, quando já estava quase dormindo em pé, apóia-se na porta do Subúrbio esperando que esse parasse... E por força do destino ou algo parecido, ele perdeu então o equilíbrio e caiu na última passagem de nível da Estação de Mogi das Cruzes, fraturando seriamente o osso Fêmur da perna esquerda. Acidente esse que o levou para a Santa Casa de Mogi das Cruzes onde permaneceu dois meses internado... Após a internação, vieram os meses de convalescença e posteriormente uma operação em São Paulo. Esse acidente teve uma influência decisiva na vida do Jovem Mogiano. Durante a convalescença ele aproveitava o tempo para aprimorar-se no estudo de violão e contra baixo; um dia numa apresentação na TV, ele ficou fascinado pelo Trompetista Herb Albert e Ronaldo Lark! Assim foi despertado seu amor eterno pelo Trompete! Mas onde estudar trompete em Mogi das Cruzes? Um dos únicos endereços para tal empreendimento era a Banda Santa Cecília de Mogi das Cruzes e, dessa forma Dirceu Braz se inscreveu para as aulas de trompete onde o velho Mestre senhor Laurindo lhe ensinou os primeiros passos no mundo das notas, acordes, harmonia e desarmonias do mundo da música. Nessa ocasião após o acidente ferroviário o jovem músico estava consciente que a vida de trabalhador numa fábrica de móveis, deveras havia chegado ao fim.Trabalhar numa fábrica 10 horas por dia para ganhar 70 Dólares por mês inclusive aos Sábados: JAMAIS! Dirceu Braz estava consciente de que o esperava para conseguir sobressair na carreia de músico. Somente a dedicação e disciplina poderiam abrir caminhos nessa selva Musical. Então, iniciou uma fase de estudos intensivos do Trompete, levando os vizinhos a jogarem pedras em cima da casa do trompetista que soprava desesperadamente até 8 horas por dia. Mas, isso não o intimidou, muito pelo contrário, como sabemos "São as árvores de melhores frutos que levam mais pedradas". A trajetória na Banda Santa Cecília logo deu lugar para a tentativa de se impor como Músico em São Paulo.

Num tempo recorde ele conseguiu ser aprovado na Ordem dos Músicos da Capital, abrindo o caminho para a vida profissional. Naquela época Braz já tinha um grupo de Bailes denominado: BRASIL FORMULA F. Mas, não demorou muito e o Mogiano foi aprovado para o concurso da Escola Municipal de Música de São Paulo, iniciando seus estudos sob a orientação do grande Trompetista Italiano, Professor Dino Pedini, que era o primeiro trompetista da Orquestra Sinfônica do Teatro Municipal de São Paulo, na qual atuou mais de 30 anos. Sob a boa orientação do grande Mestre, outras portas logo se abriram como o convite para ser o primeiro trompetista da Orquestra Sinfônica Jovem de São Paulo, posteriormente segundo trompetista da recém Formada Orquestra da Universidade de São Paulo, USP. Foi mais longe, e, veio o convite para ser integrante da Orquestra Sinfônica do Municipal de São Paulo. Porém, em 1973 durante o primeiro Festival de Música de Campos do Jordão, o jovem trompetista conheceu uma violonista da Alemanha que o convidou a estudar em Stuttgart. Sem cogitar Dirceu Braz inscreveu-se para os devidos exames e logo estava fazendo parte de centenas de Estudantes que frequentavam a Escola Superior de Música da cidade de Stuttgart. Dirceu logo foi escolhido para ser o primeiro trompetista da Orquestra Sinfônica e também entrou como primeiro trompetista do Quinteto de Sopros dessa renomada escola superior de Música de Stuttgart, um dos grandes Centros Culturais da

Alemanha. A famosa bailarina Brasileira Márcia Haydée, foi durante mais de 20 anos a primeira bailarina do Teatro de Óperas dessa cidade. E, como sobreviver num país estranho, sem falar o idioma e sem ter dinheiro para custear a vida diária?? O Jovem Mogiano passou por uma fase muito difícil no começo, chegando mesmo no inicio a se alimentar de frutas que encontrava pelo solo da cidade que caíam das árvores. Mas logo surgiu a possibilidade de fazer uma Turnê que pode salvar a sobrevivência em Stuttgart. Durante 4 meses ele esteve percorrendo vários países como a Bélgica, França, Luxemburgo, Holanda, Suíça, Áustria e Alemanha. Era uma Orquestra de Espetáculos, composta por excelentes Músicos e Bailarinos Brasileiros, ao todo quase 60 artistas, cujo Ensemble se denominava, FIESTA IN BRASILIEN. Após essa turnê, Braz regressou a Stuttgart com uma reserva financeira que pode manter-se durante muito tempo. Logo apareceram três convites para lecionar em escolas de Música e ele então decidiu pela escola de música da cidade de Ludwigsburg. No ano de 1976 se candidatou para a Orquestra Sinfônica de Bogotá e foi convidado como primeiro trompetista dessa Orquestra, mas Braz decidiu ir para Suíça onde galgou a única vaga para o Conservatório Musical dessa cidade. Em Zurique deu então, continuidade aos seus estudos sob a orientação do famoso trompetista Prof. Henry Adelbrecht. Depois de Zurique o objetivo era estudar em Londres. Seguindo suas visões ele se candidatou para a London Royal School of Music. Mas, o destino o levou novamente a Alemanha onde foi contratado como Professor da Escola Municipal de Música de Heidelberg, cidade muito famosa devido a seu precioso e lindo castelo o qual recebe milhões de turistas por ano. Em Heidelberg logo surgiram propostas para concertos e gravação de um Disco LP. Os primeiros concertos logo receberam excelentes criticas por parte da imprensa levando o Solista Mogiano novamente a se apresentar em diversos países, inclusive, Turquia e Dinamarca. Depois dos discos vieram os CDs e os LPs foram Digitalizados em forma de CDs.
Como o tempo não para, logo o lutador perseverante, se apaixonou por uma jovem Alemã de 16 anos que depois de quase 9 anos de namoro, veio a ser a sua primeira esposa. Matrimônio esse que não demorou muito tempo, vindo meses depois o divórcio. Mais tarde conheceu a segunda esposa da qual surgiram dois filhos, Michelle hoje com 25 anos e Dominik com 21 anos. Ambos seguem a carreira artística. Infelizmente o segundo Matrimônio, depois de quase vinte anos de vida em comum, também terminou num trágico divorcio. Porém, entre tudo isso, o Solista Mogiano construiu e foi Diretor durante quase

10 anos da Escola de Dança e Artes Marciais New Dance Academy, na cidade de Neuenkirchen no Norte da Alemanha. Atualmente Braz vive na cidade de Mannheim onde escreve livros, dá Concertos e pinta. Mais de 600 pinturas formam sua coleção como artista plástico as quais são Acrílico e Aquarela; como compositor também teve até agora muitas obras gravadas e editadas. Uma vida cheia de aventuras, sonhos e realizações e muita perseverança, onde a Fé em Deus e de vencer sempre esteve presente em todos os dias de sua vida. Recuar sim, desistir nunca. Mas, Dirceu Braz nunca esqueceu suas raízes; nunca esqueceu os dias felizes que passou em Mogi das Cruzes. Guarda no fundo de seu coração, e com muita nitidez as carroças que percorreriam o centro de Mogi, aonde os moradores longínquos vinham à cidade, à cavalo e amarravam seus animais ao lado do Mercado Municipal da cidade. Ele também não esquece os dias difíceis de infância que, às vezes, não conseguia dormir por falta de alimentação, a fome era uma eterna companheira. Sendo assim sempre regressa a Mogi onde fez parte de diversos projetos sociais, todos voltados às crianças necessitadas. Seu atual e principal objetivo agora é a construção da CASA DA ESPERANÇA no bairro do Botujuru. Mais um objetivo e sonho que dentro em breve com certeza será realidade. Dirceu Braz possui uma Fé inabalada onde não vê obstáculos e sim soluções para todos os problemas do nosso cotidiano e nessa área já editou 3 Livros no campo de auto ajuda, e 7 no estilo de romances, poesias e contos.

Um artista colhe no decorrer de sua carreira, muitos aplausos e também muitas aprovações de Fé; o importante não é somente sonhar e sim colocar em prática seus sonhos e objetivos. Como ele mesmo menciona em seu Romance Mariela:

Sonhe seus sonhos,
Mesmo sem saber o porquê deles.

Dedicamos esta´ obra à
Excelentíssima Senhora
Senadora Gleisi Hoffmann.

Nossos sinceros agradecimentos
a senhora Marisa Miani,
pela carinhosa colaboração
na publicação desta obra.

© D. Braz

O conflito não é entre o bem e o mal,
mas entre o conhecimento e a ignorância.

Buda   500 a.C.

SOL & VIDA

Se a vida já é
Às vezes tão escura
Porque você usa óculos escuros
Assim que saem
Os primeiros raios de sol?

© D. Braz

© D. Braz

FOFOCAS

Quem fala da vida dos outros
Merece um Troféu
Quem cuida da própria vida
Merece uma coroa de ouro
Ornamentada com pérolas
Rubis e Diamantes!

QUE PAÍS É ESSE

Quando eu deixei o Brasil
Para estudar na Europa
Isto ha´ quarenta anos a atrás
O ovo era de galinha
Agora o ovo é orgânico
Que animal é esse?

Nem a senhora galinha
Quer ser chamada mais de caipira!
Naquela época
Nos anos 70,
Naquela ditadura violenta
Jovens da minha idade,
Lá dos meus inesquecíveis 22 anos
Eram presos, torturados
E jogados ao mar!

Hoje depois de tanto tempo
Os jovens esses aí,
Os de 22 anos saem às ruas
Para pedir a volta da ditadura
Realmente eu não entendo.
Feliz é o Silvio Santos
Que ainda faz todo mundo rir
E feliz é tambéma galinha
Que não tem mais que trabalhar
Pois o ovo já vem orgânico
Que País é esse???

Esta é atualmente a pergunta
De milhões de Brasileiros...
Eu lhes respondo meus amigos:
Esse é o nosso amado e querido Brasil
Onde brigamos pela Copa,
Brigamos pela mortadela
E brigamos por uma Sambocracia
Este é nosso Brasil,
Lindo, formoso e maravilhoso.
E que a galinha NorteAmericana
Vá botar o seu ovo
Num outro lugar.

VOCÊ DECIDE

Duas coisas chamam
A atenção num homem
Quando ele passa
Uma é ter ao lado
Uma bela de uma Loira
A outra é quando

Ele leva nas mãos
Um Instrumento
Seja esse novo ou usado!
Porém meus amigos
Quanto a loira

Ela tem que ser sempre
Nova e muito jovem
E não importa
Ela ser usada ou não
Ou ter sido manuseada
Por muitos e muitos
Pois para esses,
Nesse mundo falso e visual
É só a fachada que importa.

E você é quem decide.

© D. Braz

© D. Braz

SAMBOCRACIA

Se Democracia Fosse algo tão fácil
A Grécia seria o maior país
E o mais organizado
Da face da terra
Pois foram eles que inventaram
Essa forma de reger
Ou seja: Demo=povo, Kracia=governo
Digamos, é um sistema político
Que o povo nunca vai estar contente
Platão, segundo a sua filosofia

Democracia seria a forma de governo
Em que a soberania seria exercida pelo povo.
Mas Platão não estava consciente
Que o povo brasileiro
Quer ser regido por uma
" SAMBOCRACIA "
Ai surgem tantos problemas

Que nem Platão, ou Aristóteles
Conseguirão resolver
Por isso é que amamos esse País
O país da Sambocracia.

EM TEUS BRAÇOS

Deixe-me dormir
Nos teus sonhos
Embalado nos teus desejos
Que sufocam a minha alma
Onde eu me perco
Nos teus braços
Fazendo-me tão pequenino

Como se fosse um passarinho
Cansado de voar
Buscando apenas
Os teus beijos.

© D. Braz

© D. Braz

DEFUNTOS DO PASSADO

A vida segue para o futuro
E algumas pessoas
Ficaram num passado
Num passado muito distante
Foram pessoas e foram amigos
Que não compartilham mais
Os teus e os meus dias atuais
Com certeza houve uma razão
Para que elas
Ficassem para trás
Num passado tão distante

Siga o teu caminho Resoluto e confiante
Não carregue defuntos
Em suas recordações
Outras pessoas, outros amigos Sempre farão parte
Desse teu presente.
Como disse Dale Carnegie
"Não chore
Pelo leite derramado"

ROUBAR

Em Brasília quando alguém
Grita nas ruas
"Pega o ladrão"
Todo mundo olha assustado.
Será por sentimento de culpa?

Todo mundo olha
Mas ninguém sai correndo
Isto porque já se tornou público
Que para quem rouba,
Não acontece nada
Lá em Brasília dizem bocas felinas
Que lá se pode roubar a vontade!

Já Getúlio Vargas
Numa época bem remota
Dos nossos dias atuais
Com muita experiência
Ele já dizia:

"Rouba, mas faça"

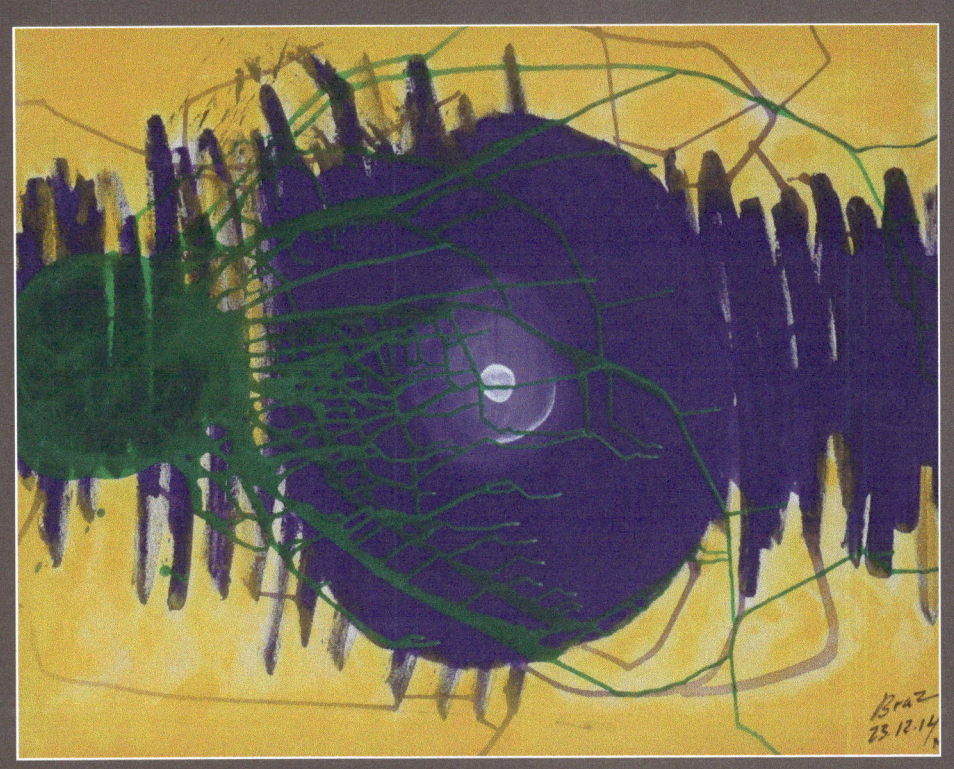

© D. Braz

© D. Braz

ANIMAIS

O ser humano é o único animal
Que comete crimes racionalmente
Que destrói conscientemente

E se sente racional
Por ter a capacidade
De pensar e planejar

E tudo isto, premeditadamente
Perante suas más ações
Nesse caso comprovamos que:

Ser um ser racional, não significa
Que é um ser inteligente!

PERDÃO

Quem é de Deus
Conhece o perdão
E não a pedra
É o perdão que liberta
E é a pedra que fere
E mata !!!

© D. Braz

© D. Braz

LUXO E LIXO

Ao nascer, somos todos iguais
Com o decorrer do tempo
Com a educação, a formação
O nível social, e o dinheiro
Isto muda tudo entre nós
Porém quando morremos
Nós nos encontramos

Lado a lado no cemitério
Num túmulo frio e solitário
E aí somos novamente
Todos iguais e sem distinção
Todo orgulho vira tristeza
Todo luxo vira lixo.

ANIVERSÁRIO

O aniversário
É como um ônibus
Ele passa e volta
Passa e volta,
E vai ficando velho,
O mesmo acontece
Com todos nós...

© D. Braz

SEJA SENSATO

Não se escravize
Por conceitos e preconceitos
Veja a vida com os olhos do coração
Mas tome tuas decisões
Com os olhos da razão
Pense com nitidez
E tome decisões sensatas
E sem pressa de chegar
A um resultado qualquer
O resultado sim:
Esse deve ser sempre positivo
Para isso desfrute do tempo
Do tempo necessário para pensar
Não se escravize
Em pensamentos negativos
Coloque em tua vida
Uma dose de formol
E em tua morte
Uma dose de confiança
Quem determina teu caminho
É a tua mente, mas quem tem
Que percorrer os trajetos
Por caminhos árduos
Ou por suaves colinas
Isto sim serão os teus pés
Portanto seja benevolente
Consigo mesmo
Seja teu melhor amigo
Pois ninguém melhor do que você
Sabe de tuas amarguras
E de teus tormentos.

CICLOVIA - CICLO-VIDA

Só quem é preguiçoso
É que não pedala
E quem pedala
Chega às vezes mais cedo
E vive mais saudável!
O carro é confortável
A bicicleta, para muitos
Ela é incômoda
Mas vale a pena tentar
Vamos pedalar, pedalar e pedalar.

© D. Braz

© D. Braz

QUANDO A TERRA CHAMA

As grandes decisões
São tomadas
Por grandes homens
Homens esses
Que quando morrem
Se tornam cinzas
Ou se tornam comida
Para os vermes
Que habitam a nossa Terra.
Sendo assim:
Somos todos iguais
E tudo é passageiro
Mas a morte sim,
Ela é persistente!

MAIS UM ANO DE VIDA

O aniversário e´ uma data simbólica
É também o símbolo
De um grande acontecimento
E este se chama nascimento,
Sim, um grande acontecimento!

Porém a morte
De todas as alternativas
É a mais real
E a mais certa de todas.

Ela e´ a alternativa
Que realmente
Faz parte da vida
E a única que nos liberta
Para sempre,
E eternamente!

© D. Braz

© D. Braz

HONESTIDADE

Se a honestidade
Fosse vendida por quilo
O preço seria muito alto
Exatamente por isso...
Que a maioria dos políticos
Preferem comodamente
Comprar a corrupção
Por um preço de liquidação
E usá-la abundantemente.

DECISÕES

Decida o que
Você quer na vida
Porque o que
Os outros querem;
Nem sempre
Vai te fazer feliz.

© D. Braz

© D. Braz

ERRARE HUMANUM EST

Errare humanum est
Quando um louco
Dirige uma orquestra
Ele é aplaudido e chamado de gênio
Quando um músico de orquestra
Ou um solista
Falha uma nota
Ele é vaiado
E pode perder
Até mesmo o seu emprego.

Seja louco o suficiente
Para estar ciente
Que errar é humano
Pois somente assim
Você terá a convicção
De fazer o teu trabalho

Da melhor forma possível
Lembre-se:
O mundo é dos loucos, pois:
Errare humanum est!

CREIA EM TI

A opinião dos outros
Pode mudar a tua vida
Mas é tua própria opinião
Que vai melhorar a tua existência!

POLITICAS

Nenhum político
Já nasce corrupto
Ele só se torna corrupto
Quando é eleito.
Portanto...
A culpa é tua!

CORRUPÇÃO

A corrupção na política
É como a poeira em casa
Você limpa, limpa...
E ela sempre
Volta a aparecer.

© D. Braz

© D. Braz

CONSCIÊNCIA

Tudo que foi ontem
Algum dia pesará
Na balança do teu julgamento!
Por isso, haja de uma forma
Que o ontem não pese
Na balança da tua consciência,
E na balança da tau alvação! .

LONGA CAMINHADA

Ao senhor que seja
Toda a minha adoração
Como é bom saber
Que tu estás comigo
Nessa longa caminhada
Sentindo meu coração
Envolto de um amor eterno
Que só em ti
Podemos encontrar.

ESPELHO DA VIDA

Sorria
Que o teu espelho
Irá responder
Aos teus sorrisos!

© D. Braz

© D. Braz

ETERNA VIAGEM

Quem só observa
Esquece-se de viver
E é melhor viver
Do que simplesmente observar
Observar como os dias passam
Pelas janelas de um trem
Que vai e vem
Não encontrando
A estação final
Para se descansar.

Viva teus prazeres
Viva teus sonhos
Viva teus entardecer
E viva as tuas noites
Viva tuas manhãs
Viva tudo aquilo
Que a vida lhe dá

Participe dos teus dias
Como um grande ator
E não seja apenas
Uma parte da platéia
Pois:
Quem só observa
Esquece-se de viver!

TOPO GIGIO DA VIDA

Nem sempre vale a pena ser Herói
Pois Heróis têm a vida curta
E o nosso Topo Gigio
Viverá eternamente!

Ele viverá eternamente
Nos meus dias e nos meus sonhos
Transformando-me num
Herói Vencendo dia após dia
Sempre junto comigo
Todas aquelas batalhas
Que eu já logo de menino
Aprendi a vivenciar
Na tela ele era o meu Herói
Na vida eu aprendi a ser um lutador.

© D. Braz

PARADOXOS

O pobre passa fome
Por necessidade
O rico passa fome
Por vaidade...!

SOBRESSAIR

Ser igual a todos
É passar despercebido
Seja o suficiente inteligente
Para sobressair aos demais
E marcar a tua presença
Entre todos aqueles
Que não quer perceber
Da tua existência...

ESPERANÇA

Faça de um novo dia
Uma nova esperança
Mas NÃO faça dele
Um novo problema!

© D. Braz

TEMPOS

O futuro está no presente
E o presente está no futuro
E o passado NÃO está
Em nenhuma parte
A NÃO ser, na nossa mente
Liberte-se dele
Para viver o presente
E ter um futuro melhor.

A FÉ

O mundo é feito
De novas informações
E Deus nos dá novas idéias
E as ferramentas
Para colocá-las em prática
Colocar em prática também
Todos os nossos sonhos
Mas trabalhar,
Isto fica ao nosso critério!

Uma ferramenta
Num canto abandonada
Ela enferruja
E não serve pra nada....

Coloque a tua fé em prática
Para realizar ainda hoje
Grandes projetos
Grandes sonhos em tua vida!!!

FALATÓRIO

Mulher fala muito...?
Quer viver a vida toda
Com uma mulher?
Deixe-a falar!

SOGRA

Vou fazer uma proposta,
Para todos os jovens solteiros!
Quem quiser casar
Que primeiro arrume
Uma boa namorada
Depois economize o suficiente
Para o casamento
E também para o divórcio
E antes de tudo:
Analise bem a sogra
Pois ela é o protótipo
Da tua futura esposa.

© D. Braz

FELICIDADE

Passamos a vida
Tentando ser feliz
Mas de tanto tentar
Esquecemos os bons momentos
Nos quais ...
Realmente somos felizes!

AMIGOS E INIMIGOS

A pessoa que tem muitos amigos
Até esquece-se de fechar a porta
Quando vai dormir!

Mas a pessoa
Que tem muitos inimigos
Ela fecha a porta
Até com mil cadeados
E de tanta preocupação...
No final ela acaba
Se esquecendo de dormir..

OBSTÁCULO

Suportar os fracassos
De cabeça erguida
É colher forças
Para novas batalhas
E vencer...
Novos obstáculos.

SENHORES POLÍTICOS

O crime não é roubar...
O mal está em,
Quando o roubo
Passa a ser algo...
Completamente costumeiro
E completamente normal!

© D. Braz

O PERDÃO

"Quem pisa na bola comigo
Não merece perdão"
Quantas vezes ouvimos
Algumas pessoas
Usarem esta frase?

Não perdoar por princípio
É um principio que não nos enobrece
Muito pelo contrário,
Faz-nos mal
E mancha a nossa alma.

Os bons princípios
Fazem-nos felizes
Aproxima-nos de Deus
E nos ensinam a perdoar!
Sem perdão
Não existe salvação.

O perdão é a forma
Mais simples de encontrar
A paz eterna na vida
Perdoe meu caro amigo
Perdoe de todo coração
A maldade sempre vai existir
Perdoe mas esteja atento
Com as pessoas que
Você tanto confia.

Perdoar é divino
Ficar na angústia do rancor
É tingir o coração de negro
Num lindo dia de Sol...

PREOCUPAÇÃO

A preocupação
Não é falta de segurança
E nem falta de confiança
Em uma determinada pessoa
Ela é sim,
E na maior parte das vezes
A falta de não ter o que fazer
É a mania de se dedicar
A pensar em coisas
Que poderiam acontecer.

© D. Braz

NOSSO TEMPO

Nunca é tarde
Para ficar velho
Mas sempre é tempo
Para aproveitar a juventude
E saborear o ar puro
Cheio de esperança e amor
Dos dias atuais.

Sempre é tempo
Para aproveitar
Os nossos últimos raios
De uma etérna eterna juventude

NOSSO INTERIOR

Quanto mais você se preocupa
Com tudo aquilo
Que acontece ao teu redor
Mais você se esquece
Do seu interior.

POLITICAGEM

A verdade no mundo político é...
Nesse mundo,
Sempre haverá novos palhaços
Pois o público gosta de aplaudir
E depois gosta de vaiar!

Isto porque
Nesse circo da vida,
Somos todos fantoches
E até pagamos pra ver...
Quem ri por último
Ri melhor!!!

TEU SORRISO

O Sol do teu sorriso
É o sol que ilumina
A minha vida
E que aquece
A minha alma.

AMOR E ÓDIO

Contigo passei
Os meus melhores momentos
Da minha vida
Por ti passei as piores horas
Da minha existência.

Quando o amor se desfaz Então o ódio
Toma pouco a pouco o seu lugar
E foi exatamente assim
O que aconteceu com você.

Porém até hoje
Eu não sei a resposta
Eu não sei o porque.
Só sei que muito,
Mas muito mesmo eu te amei
E nunca irei te esquecer!

TUAS ANGÚSTIAS

Ninguém jamais
Falará aos teus ouvidos
As mesmas palavras
Que eu um dia
Com tanto carinho falei.
E ninguém também
Em tuas horas de angústias
Irá perguntar com tanta ternura:
" COMO VAI VOCÊ?"

MENSAGENS

Uma mensagem escrita na areia
Não fica por muito tempo
Mas o que é dito de coração
Permanece pra sempre.

FLORES DA VIDA

Alguns plantam flores
Outros as colhem,
Mesmo sendo
De um Jardim proibido
Outras as destroem
E também exterminam
Quase todas as espécies de vida
Do nosso planeta terra.

Seja um plantador
E não somente um colhedor
Seja um admirador,
Admirador de tudo aquilo
Que a natureza nos dá.

Seja um Jardineiro
E não um simples soldado
Use as suas mãos para plantar
E não as use para matar!

© D. Braz

AGONIA DE SER FELIZ

E quando você chega
Naquele momento
Que de tanto prazer
O teu corpo quase explode
Então você me agarra
Morde-me e quase me enforca
E me chama de meu bem!

E quando você percebe
A minha vontade de fazer amor
Logo você se despe,
E se entrega paciente
Aos meus prazeres
Sem mesmo perguntar o porquê.

Quando você me encontra na cama
Exausto e sem fôlego
Você me abraça, me beija
Acalenta-me ternamente
Em teus sonhos divinos.

E quando você
Nas minhas horas de angústias
Sem forças para lutar
Naquelas horas que eu tudo daria
De uma só vez,
Simplesmente eu preferia
E pra sempre, desistir de tudo,
Ai você me conforta
E me dá tudo aquilo
Que um homem tanto almeja,

Que é o carinho e o amor
De uma grande mulher
Como você bem soube ser!

E quando você me vê cansado
E sem coragem de seguir
Aí você toma das minhas mãos
E me chama de meu filho
E me diz baixinho
Meu amor...
Eu estou aqui
Pertinho de você.
E quando você, e eu
Quase morrendo
Nas noites escuras do nosso quarto
Alguém de repente bate a porta
E nos diz com tanto carinho...

"Boa noite minhas crianças,
Que Deus vos abençoe
Eu sou a madrugada Aquela amiga,
Que noite após noite
Paciente escuta os teus gritos Aquela que...
Chama o sol
Para brilhar nessa cama, Onde vocês
Até, da vida se esquecem.
Boa noite minhas crianças
Eu sou a madrugada
A eterna companheira
De todos aqueles que sofrem
E de todos aqueles
Que tanto se amam "

A VOZ DO SILÊNCIO

Se você quer guardar bem um segredo
Então escreva tudo
Num pedacinho de papel
E posteriormente coloque fogo!

Pois nem mesmo na gaveta,
Ou com um grande amigo
Você verá que toda confiança
Nunca será tão perfeita
E muito menos, imaculada,
Como na voz do silêncio!

*Não confie teus grandes segredos
Nem mesmo as tuas quatro paredes.*

NOITE FELIZ

Quando o corpo
Na paz do senhor repousa
E o espírito está
Em boas companhias
O dia se torna mais claro
E a noite mais tranquila
Os anjos caminham sobre nuvens
E os sonhos se tornam realidade.

PROVÉRBIO

O provérbio popular diz:
"Deus ajuda
Quem cedo madruga"
Mas existem aqueles
Que não acreditam
Nessa filosofia
Ou nessa maneira de pensar
Que vem do povo.

Também existem outras
Que acordam cedo
Pra terem mais tempo
Pra não fazer nada!

Assim não dá....

Faça do seu tempo
Uma relíquia valiosa
Aproveite todos os minutos
E todos os segundos
De tua vida
Mas não te faças
Escravo deles
Não perca tempo
Com banalidades
E com coisas que
Não darão bons resultados.

Com toda certeza
Deus ajuda
Quem cedo madruga
Mas nem sempre
Deus já está acordado
Quando você se desperta
E quase dormindo
Você marca o teu cartão
Pra começar a trabalhar.

Muito bem:
Marque o cartão na hora certa
E trabalhe com fervor.
Não espere que Deus
Trabalhe por você
Ele já está velhinho
E aposentado!

Agora é a tua vez
De pegar no batente
E mostrar ao mundo
Que Deus te ajuda
E que você ajuda a Deus,
Com teu trabalho
Honesto e disciplinado.

Que Deus te abençoe
E lhe de dê:
Muitas horas felizes de trabalho
De sucesso e de harmonia.

Você merece
E siga em frente!!!

REFLEXÃO

Para todos aqueles que vivem
Na linha do tempo
E no mundo da Internet
Não visitam mais seus pais
Nem muito menos tem tempo
Para ir à casa da sogra
E para aqueles
Que olocam toda a vida na NET
Como se fosse
Um Strip-tease público
Contando tudo a todos
Inclusive, nos mínimos detalhes
Eu vou contar uma coisa.

Também para todos aqueles
Que não estão conscientes
Das consequências
Enfim de tudo aquilo que voa pelo ar
E nunca mais regressa
Pairando até mesmo
Nos monitores mais longínquos
Da face da terra.

Para todos aqueles
Que dormem sobre as teclas
Viajando na linha do tempo
E no tempo, se perdendo
Sem ter tempo pra pensar

Não registrando
As horas que passam
E se esquecendo que:
"Tempo não é dinheiro,
E sim: Tempo é vida!

Para todos aqueles que não acreditam
Que essa máquina chamada NET
Essa máquina, viciosa e enganadora
Esse mundo virtual
Muitas vezes realmente nos choca
E comumente também nos deprime
Caro amigo, cuidado com ela.

Tantos são aqueles
Que passam, noites em claro
Perdendo a realidade das horas
Dos minutos e dos segundos
Perdendo um tempo precioso
Desse, pouco tempo que nos resta
Não dando valor.
Àqueles momentos importantes
Do nosso quotidiano.

Vamos desligar essa coisa
Que nos escraviza e nos domina
Fazer uma visita pra sogra
Ajudar uma pessoa carente
Brincar com as crianças no parque
Visitar um amigo no hospital
Dar um alô aos queridos pais
Aqueles Santos velhinhos
Que não têm mais nada na vida

Nem mesmo alguém para consolá-los
Ninguém de quem possam receber
Uma palavra de carinho
Nem muito menos
Dos seus próprios filhos.

Vamos desligar essa máquina do tempo
Pra ter tempo para se comunicar
E participar da máquina da vida
Sim, é hora de mudar a rotina
A rotina do dia-a-dia
E trilhar um novo caminho
Deixar de viver eternamente
Como se fosse uma chuva
Que cai, corre e vai
Não deixando nada,
Apagando até mesmo
Todos os seus vestígios.

Vamos tomar uma iniciativa
Aquela de se tornar
Os nossos próprios heróis
E os nossos próprios patrões
Não deixar que o vício nos conduza
No abismo das teclas
Num mundo:
"Tecladiado e Monitorado"!
Vamos desligar
Essa máquina do tempo

E nos ligar na máquina da vida
Não é a Internet
Que nos escraviza e sim
A inércia de parar pra pensar
E também a falta de iniciativa
Pra desligar aquilo que nos corrói,
E aquilo que nos domina!

Vamos desligar essa máquina do tempo
Que nos aprisiona num quarto solitário
Em que o pensamento se torna vazio
Roubando a nossa capacidade
De dominar nossos pensamentos
Num mundo em que
A máquina do tempo nos faz
Um ser humano....
"Robotizado, Tecladiado e Monitorado"!

© D. Braz

EMANCIPAÇÃO

Uma mulher inteligente
Já nasce emancipada
E não precisa ir atrás
De movimentos "feminísticos"
Pois ela já sabe o que quer
E também não se faz necessário
Seguir alguma moda passageira
Para determinar a sua presença
Ela já é o que é
E ninguém pode mudar
A sua cabeça e a sua natureza.

DOMINGO

Bom dia meus amigos
Todo dia é sempre um motivo
De esperança e de alegria
Mesmo que o dia de hoje
Seja um domingo
Nublado e de muito frio
Não sendo aquele dia,
Aquele dia, de catálogo de viagem
Que sempre desejamos ter
Porém simplesmente pelo fato
De hoje ser um domingo
Já valeu a pena ter acordado
E também de ter nascido.

Fazer de um limão, uma limonada
Não é arte tão difícil
Mas fazer da vida
Um doce de coco
Para isto sim se faz necessário
Aquele bom joguinho de cintura.
Esquecer o amargo da vida
Aquele amargo que faz parte
Dessa nossa existência
Isto sim é uma grande arte.

Sabemos que existem aqueles
Que preferem
Chupar um limão azedo
E seguir reclamando
Pela vida afora

E de tanta angústia
Acabam se engasgando
Até com o doce de coco
E se afogando na limonada.

Seria bom pra todos nós
Procurar dar a vida
Aquele sabor especial
Que nós tanto desejamos.

Mas percebam meus amigos
Que somos nós mesmos
Que colocamos o tempero exato
Dando o sabor adequado
À essa nossa humilde existência
Fazendo do limão uma limonada
E transformando todos os problemas
Num saboroso "Sonho de valsa."

Seria bom se todos nós
Pudéssemos saborear
O doce de coco que a vida nos dá
E esquecer para sempre
O gosto amargo
Do limão do nosso cotidiano
Um domingo será sempre um domingo
De muita paz, com muita alegria
E com muito amor!

DAI-ME

Para todos aqueles
Que me desejam o mal
Eu desejo o bem
Pois nossos desejos
Refletem-se
A nós mesmos.

Desejar o bem
É tudo aquilo que eu tenho
Dentro do meu coração
E tenho de sobra para dar
Sem esperar
Qualquer gratidão.

Desejar o mal para alguém
Já não faz parte mais
Da minha existência,
E da minha maneira de pensar!
Sempre devemos oferecer
Tudo aquilo,que temos
De melhor pra dar.

O amor, a atenção
A dedicação, e o carinho
São os melhores presentes
Que podemos oferecer
Seja para os nossos amigos
Como para os nossos filhos
São presentes que,
Não custam nada.

Não precisamos empacotar
Em papel brilhoso
Para presentear
Nem muito menos
Temos que comprar
Com o cartão de crédito
E é o melhor investimento
Que fazemos
Nessa nossa tão rápida existência..

Dê amor para todos aqueles
Que te desejam o mal
Dê atenção para todos aqueles
Que nunca tem têm tempo pra pensar
Dê carinho para todos aqueles
Que falam mal de você!

Dê o melhor que você tem
Para receber de DEUS
O melhor que Ele tem pra te dar.

COISAS DA VIDA ...

Tudo é novo
Enquanto é novidade!

Assim é com um carro
Com uma casa
Com um sapato
Com uma viagem
Com um novo amor
Enfim com tudo
Que se relacione
Com a vida material!

Tudo é novo,
Enquanto é novidade!

PÉROLAS

Um novo dia
É como uma pérola
Que recebemos
Da bondade do Senhor.

Fazer dessa única pérola
Um colar precioso
Que brilhe magistralmente
Com toda a sua magnitude
Ao longo de uma existência
Seria a tarefa divina
De cada um de nós.

Mas nem sempre
Vemos essa pérola
Como algo especial
Como um presente divino
E não sentimos o seu valor
Jogando esta relíquia
No fundo de um poço
Ou a atiramos
Para os crocodilos.

Jogamos fora
Esse grande presente
E lamentamos que o dia-a-dia
Não reflita naquilo
Que tanto esperávamos
Isto porque
Na nossa cegueira
E nas tribulações da vida

Não observamos o brilho
Dessa Jóia preciosa
E sim nos deixamos cegar
Pelo fato de não darmos valor
A tudo aquilo tão simples
Simples, porém de muito valioso
Aquilo que recebemos
De um ser superior
A bondade, o carinho e o amor!

E assim passamos a vida toda
Correndo sempre atrás
De grandes coisas
Esquecendo o valor
Das coisas pequeninas
Essas pequenas coisas
Que realmente
Dão mais sentido
Na nossa curta existência
As quais poderiam
Realmente nos fazer feliz.
Mas não!

Na verdade acabamos jogando
As pérolas no abismo
E lamentamos a escassez do tempo
E colocamos a culpa em Deus.

Sim, lamentamos
Os nossos fracassos
E a nossa miséria
Sem darmos conta
Que somos os próprios culpados

Pois não temos consideração
A esta pérola preciosa
Que se apresenta
Como uma nova era
Como um novo tempo
Tempo, Zeit, Time...
Que recebemos dia após dia
Do nosso querido
E amado Mestre
Que nunca esquece
Os seus amados filhos.

PALAVRAS

Obedeça as palavras de Deus
Para que você

Não tenha que submeter-se
As garras do diabo.

SIDHARTHA

Tentar esconder
A miséria do mundo
Dos nossos filhos
É como tentar
Mostrar o céu pra eles
Somente nos dias de Sol
Escondendo dessa forma
As nuvens escuras
As tormentas,
E os pingos da chuva.
Assim tentou fazer
O pai do Mestre Sidhartha.

Nada é eterno
Toda flor, por mais linda que seja
Tem o seu tempo de vida
E este é relativamente curto
Ela, como todos nós
Também tem
O seu dia pra morrer.

Todos nós estamos
Sujeitos as têmperas
Da vida e do destino
É preciso saber viver.

Não podemos tentar
Oferecer aos nossos
Queridos filhos
Uma vida como a de Sidhartha
Seu pai tentou esconder

A miséria da vida
Ante seus olhos
Mas foi com ela
Que ele posteriormente
Pode desenvolver
Seus grandes pensamentos
A sua grande filosofia.

„Sofrer é aprender
Viver é sofrer!"

As leis do mundo
Foram feitas pra todos nós
Nem mesmo o filósofo
Como nosso grande
E querido Buddha
Pode livrar-se
Da roda da vida
E das leis da natureza
Isto porque
Nós somos parte dela
Somos parte do Universo.

Sabendo aceitar
As têmperas da vida
E não sofrer por acaso
Mas aceitar as derrotas
Aprendendo com elas
O sentido de uma luta

Uma luta que...
Não nos leva a nada
Mas mesmo assim
Faz-nos convictos
Que vale a pena lutar.

Sempre seguindo em frente
Neste caminho tão árduo
Pisando em espinhos
Mas nunca deixando se curvar
Assim serão sempre

Os nossos passos
Nesse caminho difícil
Nessa longa estrada
Que nós denominamos...
VIDA, VIDA, VIDA

SEGREDOS

Os nossos íntimos segredos,
São as coisas mais preciosas
Que temos na vida.

Preservá-los e protegê-los
É de suma importância!
Compartilhá-los com alheios,
Requer muita coragem
E muita cautela.

Faça da tua vida
Um livro fechado
Para que falsos amigos
Não leiam os capítulos
Mais preciosos
Do teu cotidiano
Capítulos esses
Que só competem
A você e a mais ninguém.

Os nossos íntimos segredos
São as coisas mais preciosas
Que temos na vida.
Preservá-los e protegê-los
É de suma importância
Guarde-os a sete chaves
Num cofre dourado
Dentro do teu coração!

SOLIDÃO

A Solidão é a ferramenta
Que constrói as grandes obras
Ela ativa a criatividade
Às vezes nos faz sofrer
Para que as grandes idéias
Preencham as folhas brancas
As quais estavam
Adormecidas nas gavetas
Esperando ansiosas
Pela nossa inspiração
Para revivê-las
Sim, revivê-las...
Para uma vida eterna

NOSSO VERDE E AMARELO

Todos nós sonhamos
Com um Brasil jovem e sorridente
Um Brasil colorido
Coberto de um céu anil
Nos braços de um Horizonte varonil
Ensine teus filhos a serem sinceros,
Benevolentes e altruístas.

Todos nós sonhamos
Com um Brasil jovem e sorridente
Um Brasil melhor para nossos filhos
Num berço onde cada criança
Seja acalentada
Nos braços da esperança
Nos braços das cores vivas
Da nossa Bandeira
E da nossa alma
Da nossa pátria,
E do nosso amor
Pelo Brasil!

O QUE PREVALECE

Não adianta se postar
Bem alto na colina
Olhando para baixo
Com olhar de desprezo
Para aqueles pobres irmãos
Que necessitam
Da nossa preciosa ajuda.

Dê um passo adiante
E estenda a tua mão
Para aqueles que suplicam
E para aqueles que choram
Agonizados e pedindo ajuda
Isto sim nos faz
Gratificantes perante a Deus.

De nada valerá
Se você do alto do teu altar
Cantar e clamar a Deus
Horas e dias a fio
Se a tua alma ainda
Não pertence a Ele.

"Sem ajuda não há salvação"
Fale aos surdos
Mesmo se eles não te escutam
Mostra a grandeza do senhor
Aos cegos, esses falsos cegos,
Que não querem ver.

O poder da fé
E da dedicação
Sempre irá prevalecer!
Irá prevalecer
Mesmo para aqueles
Que não querem ouvir
Mesmo para aqueles
Que não querem sentir
A presença de Deus.

AUSÊNCIA

É tão ruim te ver
E não poder te tocar
Não poder sentir tuas mãos
Essas mãos suaves,
Correndo entre meus dedos
Sentir o calor do teu corpo
Absorvendo todo o meu ser.

É tão ruim te ver
E não poder te tocar
Isto porque o teu corpo
Já se tornou apenas
Uma forma abstrata
E os teus pensamentos
Também se deixam levar
Por um outro sentimento
Que te roubou de mim
Se é que você algum dia
Realmente me pertenceu.

É tão ruim te ver
E não poder te tocar
Os anos se passaram
E o que resta ao meu lado
Não faz parte mais
Da nossa vida
E sim é apenas uma ausência
De tudo aquilo que já fomos.

É tão ruim te ver
E não poder te tocar
Sim, não poder
Sentir o teu corpo
Não poder sentir
O teu corpo ao meu lado
Como outrora, como antes,
É para mim uma angústia
Uma angústia de ser
Rejeitado, abandonado
Humilhado e ignorado.

É a dor dos frutos colhidos
Daqueles bons momentos
Da nossa vida conjugal
Faz-me sofrer e estar consciente
Que hoje não é nada mais do que
Uma chama sem brilho
Que tanto no passado reluziu.

É tão triste te ver
E não poder te tocar
Sentir que você está ao meu lado
E não poder te abraçar
Ouvir tua respiração
E não poder fazer parte
Do ar que você respira.

É tão ruim te ver
E não poder te tocar
Estar ao teu lado
E fazer o papel
Apenas de um "mais alguém"

Sendo uma figura a mais
Na paisagem do teu egoísmo
Ser alguém que apenas
Compartilha a tua ausência
Simplesmente ser...
Mais um palhaço na tua corte.

É tão triste te ver
E não poder te tocar
Abraçar-te
E te beijar!
Meu Deus, quanto e quanto,
Eu ainda eu vou te amar!

ALTRUÍSTAS

Um bom altruísta se percebe
Nas pequenas coisas que ele faz
Ele tira a filha da casa dos pais
Mata-se de trabalhar
Pra pagar contas e mais contas
Contas essas
De antes e depois do casamento
E ainda leva como brinde
Aquela famosa sogra
Que vem como troféu
Ele se fode, e ainda agradece.

O bom altruísta se percebe
Que ele nunca reclama
Aceita tudo na boa
E no final a mulher o abandona
Ela encontra um outro
E o marido fica na dele
Chorando e se lamentando
Mas isso são coisas do casamento.

Ai, o cara se desespera
Não consegue mais
Se manter nas próprias calças
Mas mesmo depois de tudo isso
Ele continua sendo um bom mercenário
E também um incansável altruísta
Que ajuda todo mundo sem titubear
Se ferra
Ferra-se pelos outros
Sofre gemendo

Porém continua ajudando
O crescimento do Globo terrestre
E acaba se casando novamente
Para contribuir com o expandir
Dessa nossa raça humana.
E por fim ele coloca
Ainda mais filhos no mundo
Filhos esses,
Pra sofrer e pra passar fome
E assim segue a boiada
Seguindo o boiadeiro
Na sua longa jornada.

Como é bom ser um altruísta
Sofrer e gemer por uma causa perdida
Mas acreditar nela de corpo e alma
Pois é a sociedade que espera
Tudo isso de nós!

RIQUEZA

Não deixe que a riqueza, domine a tua vida
Não viva no pecado
E sim na Fé que Deus, dia-a-dia lhe dá
A riqueza é passageira, e é a fé de Deus
A única que te salva, prevalece e te enriquece!

LONGA CAMINHADA

Ao Senhor que seja toda
Essa minha adoração
Como é bom saber
Que Tu estás comigo
Nessa longa caminhada
Sentindo meu coração
Envolto de um amor eterno
Que só em ti
Eu posso conseguir!

ESPELHO DA VIDA

Sorria que o teu espelho
Irá responder
Aos teus sorrisos...
Hoje amanhã e sempre!

ETERNA VIAGEM

Quem só observa
Esquece-se de viver
É melhor viver
Do que simplesmente observar
Observar como os dias passam
Como se fossem
Pelas janelas de um trem
Que vai e vem
Não encontrando
A estação final
Para se descansar.

Viva teus prazeres
Viva teus sonhos
Viva teus entardeceres
E viva as tuas noites
Viva tuas manhãs
Viva tudo aquilo
Que a vida lhe dá.

Participe dos teus dias
Como um grande ator
E não seja apenas
Uma parte da platéia
Pois:

Quem só observa
Se esquece de viver!

SORRIR, É BOM E NÃO FAZ MAL

O melhor remédio é sorrir
Porque se agente for levar
Tudo muito a sério
Acabamos morrendo de inércia facial
E de artrose na arcada dental
Sorria, sorria, sorria
Um sorriso não faz mal
E ajuda mais que um Sonrisal...

SE FICAR O BICHO PEGA

A mentira tem as pernas curtas
E isto, todo mundo já sabe
Ela tem as pernas tão curtas
Que não consegue
Caminhar muito longe
E nem por muito tempo
Ela tenta se esconder da realidade
E é exatamente por isso que ela
Acaba sendo enjaulada
E por fim descoberta.

Se ficar o bicho pega
Se correr o bicho come
Assim é a mentira,,,
São essas pernas curtas
E que causam
Muitas misérias.

NO PATAMAR DAS ILUSÕES

Quantas vezes levantamos
As mãos para os céus
E perguntamos:
Oh.. meu Deus por que?
Por que isto tinha que acontecer
Exatamente comigo?

Essas perguntas fazemos
Como se quiséssemos
Transferir a nossa má sorte
As nossas injustiças
E a nossa falsa fé
Para as outras pessoas.

O sofrimento alheio
É sempre mais ameno
E muito mais cômodo,
Do que o nosso
Próprio sofrimento.

© D. Braz

FELICIDADE

A felicidade não bate
Duas vezes na porta,
Mas a infelicidade sim!!!

Deixe a porta aberta
Do teu coração
Para que a felicidade
Não necessite bater para entrar.

Que ela encontre em você
A moradia que procurava
E se faça eternamente presente
Em todos os dias de tua vida.

INVEJA

Dance como se ninguém
Estivesse te olhando
Viva a tua vida
Como se ninguém
Estivesse te espionando
E morrendo de inveja de você.

Desfrute o agora
Como se não houvesse
Aquele dia denominado
O amanhã
Viva agora
E com muita intensidade !

PERGUNTAS

Tu nunca encontrarás
As respostas para tuas perguntas
Antes que conheças
O teu Verdadeiro íntimo

E quando tu descobrires isso
Então não haverá mais perguntas
E somente respostas!!!

DIA DO MÚSICO

Tu és a própria música
Tu és a vida...
Tu és os teus sonhos...
Porém tu és somente
E totalmente completo
Quando faz da arte de tocar
Um magnífico instrumento
A forma de transmitir
Tudo aquilo que está
Dentro de teu ser
E também quando a música

Te realiza e te completa,
Te satisfaz sem perguntar
O porquê de tanto sacrifício.
Ser músico é um grande
Empreendimento na vida,
É dedicar todo o teu tempo
Com toda a tua alma
E com todo o teu coração
Para somente um ideal
O de vencer um instrumennao
E nao ser vencido por ele.

Ser músico não existe
Apenas cinquenta por cento
E sim tens que ser, dia e noite
A cada hora e cada minuto
Enfim ,...tens que ser
Sempre cem por cento.

CÃO E GATOS

Amigos felinos
São piores que gatos
Mais cedo ou mais tarde
Eles acabam mordendo
Tal qual a um cão vira-lata.

Cuidado com seus melhores amigos
Preserve-os
Com muito amor e carinho
Preserve-os como animais de estimação
Porém com muito respeito

E também com muita cuidado,
Não se deixe iludir
Somos todos animais felinos
Somos todos cães e gatos
Em pele de seres humanos....

UM VERDADEIRO AMOR

Se você nunca soube
O que é ter um verdadeiro amor
Talvez seja por que você
Nunca se entregou
Verdadeiramente
De corpo e alma.

Para receber a recompensa
De ser amado e respeitado
Temos que nos entregar
De todo coração e sem limites
É assim também
Com o amor para com Deus
Sem limites.

Dar é receber
E amar é ser amado!

GRATIDÃO

Um gato com a barriga cheia
Não se preocupa
Com um peixe ao seu redor
Nem muito menos com um rato.

Assim é com a nossa Fé
E com a nossa gratidão
Para com os nossos semelhantes.

Enquanto tudo caminha bem
Somos como os gatos
Nada nos atrai
Nem mesmo o amor a Deus.

A ÚLTIMA CHAMA

Uma vela queima e brilha até o final
Sem reclamar e sem se resignar
Ela, durante toda a sua vida
Produz luz,
Calor e energia!

Seja você também
Como uma vela
Viva até o final da tua vida
Produzindo muito amor
E muitas alegrias.

E quando a última chama
Da tua existência se extinguir
E no leito ao lado
De seus entes queridos,
Num último suspiro
Confesse de todo coração.

"Eu vivi e não me arrependo de nada
Eu dei a minha energia, e o meu calor
Para todos aqueles
Que usufruíram
E necessitavam da minha chama
Da minha luz e do meu calor
Muitos nem percebiam
Que eu sozinho...
Tão forte e reluzente
É, eu era quem dominava
Toda aquela escuridão."

© D. Braz

ATÉ QUE A VIDA NOS SEPARE

Lembra daquela cara que você fez
Quando eu te dei
O meu primeiro beijo?

Lembra daquela cara que você fez
Quando eu te pedi em casamento?
Lembra da cara que teus pais fizeram
Quando você me apresentou
E eu te pedi em casamento?

Lembra daquela cara que nós fizemos
Quando veio a notícia
Do nosso primeiro filho?

Lembra daquela cara
Que nossos filhos fizeram
Quando compramos
A nossa casa própria.
E aquele carro novo?

Lembra da cara dos vizinhos
Quando viajamos pra Europa?
Lembra também daquela cara
Que eu fiz
Quando você disse que
Queria o divórcio?

Olhe-se no espelho
Para ver qual é a cara
Que você tem agora
Para justificar

A destruição da nossa família
Do nosso matrimônio,
Do nosso lar....
Muitos diriam simplesmente pra você:

"AQUELE CARINHA
TÃO LINDA,
AGORA SE TRANSFORMOU
REALMENTE NUMA CARA DE PAU"

Sim é isto apenas o que sobrou
De toda aquela felicidade
Que um dia juntos
Tanto sonhamos.

Cara de pau, cara de pau,
É essa cara que teu espelho
Agora te mostra
Mas com toda a tua impertinência,
Você não vê nada além
Das tuas próprias necessidades
Sem se dar conta
Da tua tremenda vaidade!.

SONHANDO PELA VIDA

Não basta apenas sonhar
Mas é preciso colocar em prática
Os sonhos da vida
Para que eles
Se tornem realidade
Caso contrário,
Permanecemos na cama sonhando
E o trem da vida passa
Sem que nos despertemos
E acabamos ficando velhos
E também enferrujados.

Sonhe, mas levante-se
No primeiro pôr do sol
De um dia tão lindo
Que a vida nos da!

Levante-se e corra para a luta.
Não só de sonhos vive o homem
Mas para viver
Também é preciso sonhar.

ORAÇÕES

Nem somente as paredes têm ouvidos
Como as Orações também!
Ore por mim
Que eu orarei por você
Na oração
É que se ouve a voz de Deus
Nelas até mesmo as paredes
Se calam
E dão ouvidos ao coração.

© D. Braz

REALIZAÇÕES

O querer é a capacidade
De poder fazer!
O esperar e só sonhar,
É a forma
De desistir das coisas
Que poderiam acontecer.

PRESENTES DA NATUREZA

A água que você bebe
Ela é de graça,
O ar que você respira
É de graça,
O capim que você pisa
É de graça,
Deus não cobra nada,
Realmente nada por isso!

Deus nos deu
E nos da tudo de graça
Mas o homem
Coloca preço em tudo
E nunca está satisfeito
Com o lucro,
E querem mais e mais.

Isto vai acontecer,
Até que algum dia
A conta da natureza
Com certeza vai chegar
E não haverá nenhuma moeda
Que possa pagar!

A conta de Deus,
Ainda vai chegar!

Respeite e preserve a natureza
Pois é dela
Que recebemos
Os presentes
Mais valiosos da vida
E os grandes presentes de Deus!

CACHORRADA

O cachorro, assim dizem,
É o melhor amigo do homem
E por isso, e quem sabe
Que passamos a vida toda
Levando tantas mordidas.

Pois com tantos
Conhecidos cachorros
Que se fazem de amigos,
O nosso dia-a-dia
Torna-se um verdadeiro canil
Onde os que ladram mais,
São os que menos mordem.

FALSAS AMIZADES

Um cão feroz
Não pensa duas vezes para ladrar
Pois esse é a sua ocupação
Portanto, um amigo cachorro
Também não pensa duas vezes
Para ladrar, atacar e morder!

Se livre das falsas amizades
Elas te levam ao fracasso
E com o tempo
Esses falsos amigos te atiram
Aos cães raivosos da vida
Se livre deles...
Desses "bons" amigos
Desses cães raivosos
Que se fazem de fieis
Mas no fundo,
São somente...
Verdadeiros inimigos.

© D. Braz

NOVOS CAMINHOS

Aceitar algo chegou ao fim,
É o recomeçar de uma nova vida
É também ...
Trilhar novos caminhos
E estar junto com Deus
Para tentar
Novas oportunidades.

CULPA E CULPADOS

Ninguém tem culpa
De não ter nascido bonito,
Mas tem a culpa sim,
De permanecer
Na burrice
E na ignorância
Na qual ele nasceu.....

APRENDIZAGEM

Seja qual for o teu ideal na vida,
Respeite sempre
Os objetivos alheios
Compartilhe teus conhecimentos
E aprenda com os demais.
Um mestre solitário
Sem discípulos
É como o Sol atrás das nuvens
Ele brilha,
Mas não demonstra
O verdadeiro objetivo
De existir e de se propagar.

© D. Braz

TRISTEZA

Tristeza! O que é tristeza?

Tristeza é um ato de reflexão
Você fica triste,
Você chora,
Você se lamenta
Conta teus problemas aos amigos
E dessa reflexão,
Da dor de uma perda
Ou de um fracasso
Você vem a refletir
Encontra novos caminhos
E novas soluções
Que de repente se apresentam
Diante de seus olhos.

Nenhuma perda é em vão!
E sim, ela só nos mostra
Que nenhuma dor é sem sentido
Ela faz com que busquemos,
Um novo sentido na vida.

Nenhuma lágrima chorada
Faz-nos realmente infeliz
Muito pelo contrario!
Ela envolve a nossa alma
Em misericórdia e compreensão
Compreensão essa, para com aqueles
Que também sofrem!

Tristeza, o que é tristeza?
A tristeza é uma plataforma
Onde trens vão e vem
E de repente nós entendemos
Que também, temos que embarcar...
Para galgar, uma nova estação na vida,
Seguir em frente, volver a ser passageiros
Volver trilhar novos caminhos
E não deixar que as lágrimas nos afoguem
E estarmos convictos
Que o afligir e a agonia de uma perda
Só nos faz compreender que tudo,
Que tudo, será sempre apenas passageiro.
Que a dor momentânea,
Não é nada mais do que uma Vitória
Afinal, tudo aquilo que perdemos
Só virá, nos enriquecer
E a nos libertar de muitas coisas
Que pensávamos,
Que eram realmente tão importantes
Na nossa vida.

Tristeza, o que é tristeza...?
Ela é apenas uma chama,
Uma luz que nos mostra
Novos caminhos.

Tristeza, o que é tristeza?
Tristeza...tristeza...tristeza...
O que é tristeza?
Ela faz parte de nós...
Assim como a alegria
Também nos acompanha.

© D. Braz

© D. Braz

SER FELIZ

Para tudo tem a sua hora,
Até mesmo o passarinho Cuco
Daquele relógio Suíço
Ele também tem que esperar
Para poder cantar alegremente
Porém na hora exata e certa
Sendo assim, porque você
Tem tanta pressa em ser feliz?
Deus sabe muito bem
A hora certa meu amigo,
Calma,
Pra tudo tem o seu tempo
Até mesmo o passarinho Cuco
Sabe muito bem disso
E espera o momento exato
Para cantar para o mundo
E para ser feliz
Mesmo que seja uma vez por hora.

ACREDITE QUEM QUIZER

É mais fácil,
Dar asas a uma mentira,
Do que acreditar
Numa verdade.

Numa verdade que
Está pairando no ar
Mas que ninguém
Quer ouvir ou aceitar.

© D. Braz

© D. Braz

QUANDO O SOL SE PÕE

Hoje é um novo dia
De muito trabalho
De muita alegria
E muita harmonia.

SOLIDÃO

A solidão é o caminho
Que nos leva a Meditação
E que nos leva a pensar
Sobre a possível perda
De algo que para nós
Sempre foi muito valioso!

Enfim,...
Também a Meditação
Pode nos deixar claro,
Que tudo é passageiro !

É na solidão que, nos torna visível
O significado e valor de tudo aquilo
Que nós ainda temos nas mãos
Que ainda possuímos.

A solidão e a Meditação,
Nos deixa claro também
Que nada nos pertence
Nem agora e nem muito menos
No nosso sentido
De acreditar na Eternidade
E que tudo e´ pra sempre.

© D. Braz

© D. Braz

LIBERDADE TOTAL

Ninguém é realmente livre
Enquanto não consegue se livrar
De todos aqueles
Maus pensamentos
Que nos fazem prisioneiros
De um mundo pequeno
Cheio de preconceitos, vaidades
Falsas crenças e intolerâncias.

PAZ

Deus pra todos nós,
E paz para todos
Os nossos inimigos!

© D. Braz

© D. Braz

SIMPLESMENTE VIVER

Viva a vida como ela se apresenta
O tempo faz parte do cotidiano
Nossos afazeres
Fazem parte da nossa vida
Nada é de mais
Nada é de menos
Se vivermos nossos dias
Como eles se apresentam.

Viva a vida
Como ela se apresenta!

NOSSAS ORIGENS

Ame as tuas origens
Para que a Copa
E os galhos
De tua árvore
Possam ser
Tão fortes e sólidos,
Como as suas próprias raízes
Pois são essas que te sustentam.

Não esqueça nunca
De onde você veio
Seja fiel as tuas raízes
Pois são elas que te suportam
Nos vendavais
E nas horas importunas
Da tua existência.

© D. Braz

DIRCEU BRAZ – EXPOSIÇÃO

Dirceu Braz é vice presidente da Organização Beneficente Mogi Fonds e.V.
com sede em Mannheim - Alemanha.
Uma Organização que ha´ mais de vinte anos procura
amparar crianças e famílias necessitadas no Brasil.
Trabalho esse em colaboração com o Grupo Ramatis de Mogi das Cruzes,
Presidente: Ascendino Cavalcanti Filho
Seus trabalhos em acrilico, aqui apresentados, assim como seus livros,
poderão ser adiquirido através do e-mail:
braz-trompete@hotmail.com, Facebook, ou www.amazon.com.br /
www.BoD.de / www.buecher.de

Mogi Fonds e.V. Presidente Dr. Michael Schröder
Finanzamt Mannheim Nr. 2030
Donativos poderão ser encaminhados para a seguinte conta bancária:
Conta, IBAN: DE58 670 0505 0075 1315 69
BIC: MANSDE66XXX
Sparkasse Rhein Neckar Nord / Mannheim-Alemanha

Contatos no Brasil : cavalcanti@gruporamatis.org.br
Grupo Ramatis/ Registro CNPJ 58.475.450/0001-10
Conta 13905 X   Prefixo 0294-1   Banco do Brasil CEP 08730-130
Mogi das Cruzes / São Paulo / Brasil

Dirceu Braz
Im Ozean des Lebens
Philosophische Gedanken
und Bilder zum inneren
Frieden und Wohlfühlen

Gebundener Umschlag
208 Seiten,
mit 100 farbigen
Abbildungen
ISBN 978-3-89960-334-7
Laumann Verlag

Dirceu Braz & Conny Zahor
**Engel der Vergebung
und des Friedens**
Die Wiederentdeckung
meiner Seele in
einem verlorenen Ich

Gebundener Umschlag
208 Seiten,
ISBN 978-3-89960-339-2
Laumann Verlag

Dirceu Braz
und Conny Zahor
Der Regenbogen des Daseins
Fotografie von Dominik Braz

Paperback
208 Seiten,
mit zahlreichen
s/w Abbildungen
aus Argentinien
ISBN 978-3-89960-342-2
Laumann Verlag

Dirceu Braz
Mal die ein neues Leben

Paperback
168 Seiten,
ISBN 978-3-73578-220-5
Books on Demand

Dirceu Braz
Erzählungen & Malerei

Paperback
188 Seiten,
ISBN 978-3-73470-278-5
Books on Demand

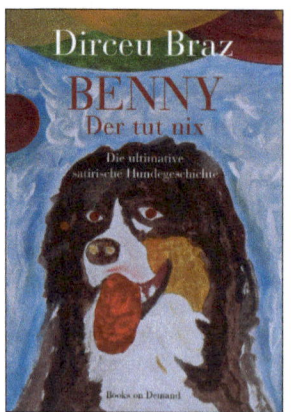

Dirceu Braz
Benny – Der tut nix
Die ultimative satirische
Hundegeschichte

Paperback
168 Seiten,
ISBN 978-3-73477-674-8
Books on Demand

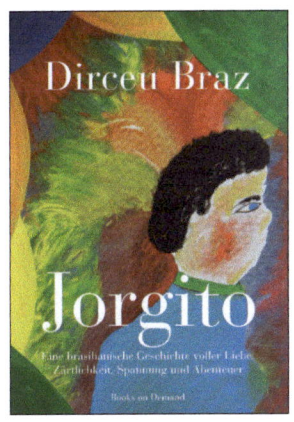

Dirceu Braz
Jorgito
Eine brasilianische Geschichte voller Liebe, Zärtlichkeit, Spannung und Abenteuer

Paperback
172 Seiten,
ISBN 978-3-73477-829-2
Books on Demand

Dirceu Braz
Die Vogelscheuche

Paperback
160 Seiten,
ISBN 978-3-73861-518-0
Books on Demand

Dirceu Braz
Die Sanften Krallen des Lebens

Paperback
188 Seiten,
ISBN 978-3-73865-644-2
Books on Demand

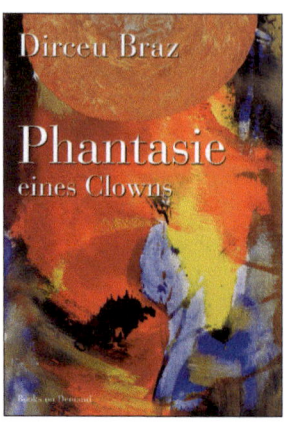

Dirceu Braz
Phantasie eines Clowns
Freude am Lachen – Freude am Leben

Paperback
216 Seiten,
ISBN 978-3-73921-788-8
Books on Demand

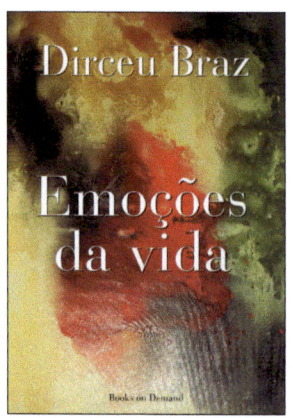

Dirceu Braz
Emoções da vida

160 Páginas,
ISBN 9783739225401
Books on Demand

Hannelore Seidel
Wenn die Sehnsucht ruft
Die Farben der Seele

Paperback
168 Seiten,
ISBN 978-3-73922-025-3
Books on Demand

Hannelore Seidel & Nils Hoffmann
Unser Wald voller Wunder

Paperback
80 Seiten,
ISBN 978-3-73861-593-7
Books on Demand

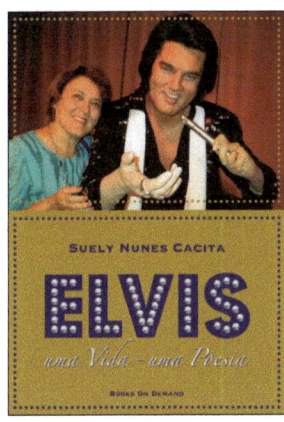

Suely Nunes Cacita
Elvis
Uma vida, uma poesia

Paperback
176 Páginas,
ISBN 978-3-73864-973-4
Books on Demand

Meditation (NGE 502 C)
Johann Sebastian Bach, Georg Friedrich Händel,
Dirceu Braz
Dirceu Braz: Bachtrompete
Stefan Glaser: Orgel

The Voice of Trumpet (NGE 505 C)
Ralf Gabe, Johann Sebastian Bach,
Michael Delalande, G. B. Samartini, G. F. Kaufmann,
J. B. Loeillet de Gante, Dirceu Braz
Dirceu Braz: Bachtrompete, Flügelhorn,
Trompete, Percussion
Clemer Andreotti: Gitarre
Johannes Vogt: Gitarre
Ralf Gabe: E-Piano
Ludwig Kümmerlin: Piano

**Johann Sebastian Bach
und andere Werke aus der Barockzeit**
(NGE 503 C)
Johann Sebastian Bach, Georg Friedrich Händel,
Jeremiah Clarke, Henry Purcell,
Francesco Manfredini
Dirceu Braz: Bachtrompete
Stefan Glaser: Orgel

Info: braz-trompete@hotmail.de

Dirceu Braz
Bayer Records & NGE / Germany

Trumpet Relaxing
NGE Nr. 507
Mit Werken von Villa Lobos,
Ralf Gabe,
Mathias Geraldo,
Dominik Braz &
Uwe Clemens